I0030053

48
Lb 1660

PROCÈS

DE

Louis - Pierre LOUVEL

De l'Imprimerie de BAUDOUIN

Louis Pierre Louvel,
Employé à la Sellerie du Roi.

PROCÈS

DE LOUIS-PIERRE LOUVEL,

ASSASSIN

De S. A. R. Mgr. le Duc

DE BERRI,

CONTENANT ses Interrogations et ses Réponses devant la Cour des Pairs Dans les Séances des 5 et 6 juin 1820, les Discours de ses Défenseurs, son Jugement, sa Condamnation à mort, ses dernières Paroles, et des Détails circonstanciés sur ses derniers momens, et son Supplice.

... plongé vivant dans la nuit ... tombeaux.

PARIS,

DELARUE, LIBRAIRE, Quai des Augustins, N°. 15.

———

1820.

PROCÈS
DE LOUVEL.

DEPUIS le funeste événement qui a plongé dans le deuil la France entière, en lui enlevant, par un horrible assassinat, un prince chéri, et dont toutes les actions de sa vie ne furent qu'une suite non interrompue de bienfaits, le Gouvernement n'a rien négligé pour parvenir à la connaissance exacte de tout ce qui pouvait se rattacher à cet affreux forfait. Ces recherches faites avec le plus grand soin ont prouvé (ce que l'on ne pouvait révoquer en doute) que ce crime est l'ouvrage d'un seul monstre , et que la loyauté française n'avait pas à rougir de lui trouver des complices. L'acte d'accusation que

1.

nous allons rapporter, et les débats du procès de ce scélérat, attesteront, à nos derniers neveux, jusqu'où peut se porter la perversité humaine, lorsqu'elle n'est retenue ni par la crainte de la justice divine, ni par celle des hommes.

COUR DES PAIRS.

Acte d'accusation contre Louis-Pierre LOUVEL.

LE conseiller d'état, procureur-général de S. M. près la cour des pairs, nommé par ordonnance du Roi, du 14 février dernier, pour poursuivre devant ladite cour le procès de l'assassinat de feu Monseigneur le duc de Berri,

Déclare que des pièces et de l'instruction qui lui ont été communiquées par suite de l'ordonnance qu'ont rendue, le 10 mai, MM. les

pairs désignés par M. le chancelier
pour l'instruction du procès, résul-
tent les faits suivans :

Le 13 février dernier, LL. AA.
RR. Monseigneur le duc et madame
la duchesse de Berri étaient à l'O-
péra. La princesse désira ne pas rester jusqu'à la fin du spectacle. Le
prince, vers 11 heures du soir, la re-
conduisit à sa voiture qui station-
nait rue Rameau; après lui avoir
fait ses adieux en l'assurant qu'il la
rejoindrait sous peu de momens, il
se retourna pour rentrer au théâtre.

A l'instant même on vit un homme s'élancer, passer près du prince,
comme un éclair, et le choquer vio-
lemment. La première idée qui vint
au prince et à toute sa suite fut que
c'était un curieux indiscret. L'aide-
de-camp du prince, M. le comte de
Choiseul, fut tellement dominé par
cette idée, qu'il prit l'importun par
l'habit, et le repoussa en lui disant :

Prenez donc garde.... L'homme s'en-
fuit. Il n'avait pas fait quelques pas
dans sa course que le prince s'écria :
Je suis assassiné! Le prince, en effet,
tenait la main sur un poignard abandonné par l'assassin, car c'en était un,
dans la plaie même qu'il avait faite.
MM. de Choiseul et de Clermont
volèrent à l'instant même sur les tra-
ces de l'assassin qu'eux et tous les
assistans voyaient courir vers la rue
de Richelieu. Le garde royal Desbiez qui était de faction auprès de
la voiture, à l'instant où le crime
fut commis, l'adjudant de ville
Meunier, d'autres militaires gardes
royaux et gendarmes, Lavigne,
Baury, Giret, Bacher et Torres Gilles, dont plusieurs l'avaient vu consommer son crime, se mirent aussitôt à sa poursuite.

Il fut arrêté très-près de là, à l'arcade de Colbert, par un garçon li-
monadier appelé Paulmier, qui le

remit sur-le-champ à l'adjudant de ville Meunier, au garde royal Desbiez, et à tous les autres militaires, par lesquels il était poursuivi. On le conduisit au corps-de-garde.

On le fouilla en présence de tous les témoins ci-dessus nommés, et de plus, en présence du capitaine Lefebvre, qui ne commandait pas le poste, mais qui pourtant s'y trouvait en ce moment.

On trouva sur lui, dans une des deux poches de son pantalon, une gaine vide, c'était celle du poignard avec lequel il avait frappé le prince. Dans l'autre poche se trouva une alène de sellier, affilée en poignard, et munie également de sa gaine.

Ces instrumens homicides, et une clé qu'il avait sur lui, furent saisis et livrés sur-le-champ, ainsi que sa personne, à la justice.

Cependant, aussitôt qu'on avait reconnu que Monseigneur le duc de

Berri avait été frappé, on l'avait con-
conduit d'abord dans un corridor,
puis dans le salon de la loge du Roi.

Le prince lui - même avait tiré
d'une plaie profonde le fer qu'y
avait enfoncé l'assassin. L'armé était
grossièrement façonnée en poignard
tranchant et aigu, d'un demi-pied
de longueur, emmanchée dans du
bois.

Monseigneur le duc de Berri le
remit à M. le comte de Ménars, son
premier écuyer, des mains duquel
il passa immédiatement entre les
mains du commissaire Ferté.

Des médecins furent appelés.

Les assistans connurent bientôt
toute l'étendue du malheur de la
France.

Tous les secours furent prodigués
avec un zèle et un talent dignes des
plus grands éloges. Tous les secours
furent vains. On ne put même trans-
porter l'auguste blessé dans le palais
de ses pères.

Le 14 février, à six heures trente-cinq minutes du matin, le crime et le sacrifice étaient consommés.

Immédiatement après son arrestation, le coupable fut conduit devant le commissaire de police Ferté, que sa fonction avait appelé ce jour-là au théâtre confié à sa surveillance. Le commissaire Ferté avait déjà commencé à procéder à son interrogatoire, lorsque M. le comte Anglès, préfet de police, le procureur du Roi et le procureur - général arrivèrent successivement et dans cet ordre ; c'était leur devoir de s'emparer du criminel et d'instruire dans la forme requise pour le flagrant délit : ils remplirent ce rigoureux devoir.

On fit subir un interrogatoire à l'homme arrêté.

Il déclara s'appeler Louis-Pierre Louvel, être natif de Versailles, âgé de 36 ans, garçon sellier, employé pour le compte du sieur Labouzelle, sellier du Roi, et demeurer aux écuries, place du Carrousel.

Du reste, et dans cet interrogatoire et dans tous ceux qu'il a subis depuis, notamment devant M. le chancelier et devant MM. les pairs commissaires, il reconnut que c'était lui qui était coupable du meurtre : il se vanta même avec férocité de méditer cet exécrable projet depuis 1814.

On lui représenta le grand poignard remis par M. le comte de Menars au commissaire de police Ferté; il le reconnut sans la moindre difficulté pour lui appartenir, et pour avoir été abandonné par lui dans la plaie. Il reconnut également le petit poignard, la clé et les deux gaînes pour lui appartenir, et avoir été saisis sur lui à l'instant de son arrestation.

Il fut confronté sur le lieu même aux sieurs Paulmier, David, Meunier, Lavigne, Desbiez, Racury, Givel, Bacher, Gilles-Torres et Le-fèvre.

Tous le reconnurent, Desbiez et Torres-Gilles, pour l'homme qui, sous leurs yeux, avait frappé le prince ; Paulmier, David, Meunier, Lavigne, Bacory, Giret et Bacher pour l'homme qui fuyait à l'instant, et qu'à l'instant ils avaient poursuivi et arrêté ; le capitaine Lefèvre, pour l'homme qu'on avait conduit au pos-te, qu'on avait fouillé devant lui, et sur lequel on avait trouvé les divers instrumens de mort, et la clé relatés plus haut.

Il a été procédé dès le matin à une perquisition dans le logement de Louvel.

On y a trouvé 165 fr. en argent. Au surplus, on n'y a rien découvert absolument qui eût trait à son crime.

Un bien plus cruel devoir fut rempli. Il fallait constater contradictoirement avec l'assassin le corps du délit. Le bourreau fut mis en présence de la victime qui avait expiré sous ses coups; il la regarda d'un œil fixe, sec et féroce, ne témoigna ni sensibilité, ni remords, et confessa de nouveau que c'était là son ouvrage.

Les médecins qui ont vu et soigné le prince dans les premiers momens et jusqu'à sa mort, ont été rassemblés. Ils ont procédé à la visite extérieure du corps. Leur rapport assermenté a été unanime. Le coup porté par Louvel est la seule cause de sa mort.

On a dû rechercher les motifs qui avaient pu porter Louvel à commettre ce féroce assassinat ; nos indices du dehors n'ayant pu aider à les découvrir, Louvel a été soigneusement interrogé.

Sur ce point, du moins, et sans varier jamais, il a répondu avec une entière franchise.

Il a déclaré hautement qu'il n'avait jamais reçu le moindre grief ni de Monseigneur le duc de Berri , ni de nul prince de son auguste famille;

Qu'il n'avait ni motif, ni prétexte de leur porter aucun sentiment de haine personnelle ;

Qu'il n'avait été poussé que par la considération de l'intérêt public ;

Qu'il regardait tous les Bourbons comme les ennemis de la France ;

Q'aussitôt qu'à leur retour il avait vu flotter le drapeau blanc , il avait conçu le projet de les assassiner tous ;

Que ce projet ne l'avait pas quitté un seul instant depuis 1814 ;

Que depuis lors il avait cherché toutes les occasions de l'exécuter , suivi les princes dans leurs chasses, rodé autour des spectacles où ils se rendaient, pénétré dans des églises où ils allaient remplir leurs devoirs

religieux, et dans lesquelles, aux
pieds des autels, il les aurait égorgés
si son courage ne lui avait pas manqué, et si quelquefois il ne s'était
pas demandé : ai-je tort, ai-je
raison ?

Qu'à Metz il avait eu un moment
l'intention de tuer, en 1814, M. le
maréchal de Valmy, parce qu'il les
servait ; mais que bientôt il avait
pensé que c'était un simple particulier, qu'il fallait porter ses coups plus
haut ;

Qu'il aurait tué Monsieur à
Lyon, s'il l'y eût encore trouvé,
lorsque lui, Louvel, se rendit dans
cette ville au débarquement de Bonaparte ;

Que depuis il s'était attaché à
M. le duc de Berri comme celui sur
lequel était fondé le principal espoir
de la race ;

Qu'après Monseigneur le duc de
Berri, il aurait tué Monseigneur le

duc d'Angoulême , après lui Monsieur, après Monsieur , le Roi ;

Qu'il se serait peut-être arrêté là ;
car il paraît qu'à cet égard la résolution du monstre n'était pas prise, et
qu'il n'avait encore bien déterminé
en lui même s'il continuerait dans les
autres branches de la famille royale
le cours de ses assassinats ;

Qu'il n'avait reçu de son arrestation qu'un seul chagrin, celui de ne
pouvoir ajouter d'autres victimes à
celle qui était tombée sous son coup;

Qu'il était loin de se repentir de
son action, qu'il regardait comme
belle et vertueuse ;

Et qu'enfin il persistait et persis-
terait toujours dans ses théories, dans
ses opinions et dans ses projets, sans
s'embarrasser des jugemens des hommes , qui étaient divers sur de tels
actes, ni moins encore des jugemens
de la religion, à laquelle il ne croyait

2 *.

pas, et qu'il n'avait jamais prati-
quée.

La plume se refuse à continuer de
telles horreurs.

Les réflexions cruelles même
qu'elles font naître doivent être
supprimées.

Il faudrait plaindre une nation
chez laquelle un aussi exécrable en-
durcissement ne ferait pas naître
spontanément l'universelle détesta-
tion qu'il mérite.

Ce n'est pas la généreuse nation
française qui a besoin qu'on enflam-
me, en pareil cas, les nobles et hu-
mains sentimens dont sont pénétrés
tous les cœurs.

Après de tels aveux du coupable,
après l'évidence de son crime,
produite par tous les autres genres
de preuves qui se réunissent à ses
aveux, il n'était plus question que
de connaître et de rechercher ses
complices.

Cette exploration, si bien moti-
vée par le grand intérêt qui s'y attache, a été faite avec soin.

On a fait des perquisitions chez
tous les proches parens de l'assassin;
elles n'ont rien produit à leur charge.

Ils ont été alternativement inter-
rogés; nul indice qui leur fût con-
traire n'est sorti de leurs interrogatoires.

Tous les documens qui pouvaient
mettre sur la voie des complices qui
n'appartiennent pas à sa famille ont
été scrutés.

Trois mois y ont été employés.
Plus de 5o commissions ont été
délivrées.

Plus de 1200 témoins ont été en-
tendus.

Nul complice ne s'est trouvé.

Louvel est donc le seul, en défi-
nitive, et sauf les découvertes ulté-
rieures, qui doive être soumis à
l'accusation.

En conséquence de tous ces différens faits, Louis-Pierre Louvel, garçon sellier, âgé de 36 ans, natif de Versailles, demeurant à Paris, aux écuries du Roi, est accusé par le procureur-général de S. M. près la cour des pairs.

D'avoir, le 13 février dernier, à 11 heures du soir, porté un coup de poignard à S. A. R. Monseigneur le duc de Berri, qui en est mort, et d'avoir ainsi commis un attentat contre la vie d'un des membres de la Famille royale, crime prévu par l'article 7 du Code pénal.

Fait et arrêté en notre cabinet, au palais de la cour des pairs, le 12 mai 1820.

Signé, BELLART.

Pour copie conforme, le greffier de la chambre des pairs,

A CAUCHY.

Pour copie conforme, PAJOU.

COUR DES PAIRS.

Procès de Louvel.

Dès huit heures du matin, le lundi 5 juin, de nombreux détachemens de la garde nationale, de fusiliers sédentaires et de la gendarmerie occupaient les diverses avenues de la chambre des pairs, et étaient répandus dans la cour du château. Le service intérieur était fait par la garde nationale.

Avant 9 heures, les places réservées dans les tribunes et dans les couloirs de la chambre étaient presque entièrement occupées.

MM. les ambassadeurs des puissances étrangères ont été placés dans la tribune au-rez-de-chaussée à gauche du président : la tribune en face était occupée par divers membres de la chambre des députés, parmi lesquels on remarquait Messieurs de Bonald, Fornier de St.-Lary, Chabaud-Latour, Morisset, Castelbajac, Courvoisier, le général Foy et le prince de Broglie.

Plusieurs personnages de distinction avaient leurs places réservées dans le pourtour qu'on avait ménagé, dans toute la partie circulaire de la salle, derrière le siège de MM. les pairs; c'est là et presqu'en face du bureau que se trouvait M. l'ambassadeur Persan, en robe de drap d'or, accompagné de son interprète et d'un jeune Persan.

Les témoins étaient placés sur deux bancs, au-dessous du fauteuil du chancelier, président de la chambre. A gauche, et à l'entrée du parquet, des sièges avaient été disposés pour l'accusé et ses conseils. En face, et dans l'enceinte intérieure du parquet se trouvait M. le procureur-général en costume d'avocat.

A dix heures précises, MM. les pairs s'étant placés sur leurs sièges, M. le chancelier annonce que la séance est ouverte, et ordonne d'introduire l'accusé.

Je n'ai pas besoin, dit-il, de rappeler au public, qui assiste rarement à nos séances, le respect religieux qui lui est commandé. Tout signe d'approbation et d'improbation est interdit, soit à cause de la dignité de la cour, soit à cause de la pitié que l'on doit toujours au malheur.

Plusieurs minutes s'écoulent, jusqu'au moment où l'accusé est introduit; et tous les yeux sont fixés d'avance sur le siège qu'il va occuper.

Louvel arrive, précédé d'un huissier de la cour, d'un officier de gendarmerie, et suivi de plusieurs gendarmes. Il est vêtu d'une redingotte noire, boutonnée au-dessous, d'une cravate de la même couleur : sa tête est en partie chauve, sa figure déoplorée ; ses traits caractérisés paraissent porter l'empreinte d'une profonde et sombre méditation. Son extérieur annonce plus de 40 ans.

Pendant l'appel de MM. les pairs, auquel il est procédé par un huissier de la chambre, l'accusé parcourt des yeux tout ce qui l'entoure. Ses regards se portent tour-à-tour sur les tribunes, sur le bureau de M. le président, et sur les sièges de MM. les pairs. Il paraît porter une attention particulière à tout ce qui se passe.

L'appel étant terminé, M. le chancelier président demande à l'accusé ses nom, prénoms, profession, domicile et le lieu de sa naissance.

Louvel se lève, et répond d'une voix ferme. — Je m'appelle Pierre-Louis Louvel, ouvrier sellier, demeurant à Paris, né à Versailles.

M. le président rappelle aux conseils de l'accusé les devoirs qui leur sont imposés par la loi ; et il invite ce dernier à faire attention aux charges qui vont être produites contre lui.

Le secrétaire de la chambre, remplissant les fonctions de greffier, donne lecture de l'arrêt rendu par la cour des pairs, ainsi que de l'acte d'accusation.

Pendant la lecture de ces actes, dans lesquels se trouvent énergiquement retracés tous les détails du crime, la physionomie de l'accusé est constamment impassible. Son attitude semble même prendre plus d'audace et de fermeté.

M. le chancelier. — Vous êtes accusé d'un crime qui a couvert la France de deuil. Si la nature ne produisait quelquefois des monstres, on aurait de la peine à croire qu'un

Français a pu se rendre coupable d'un tel forfait. Ne craignez pourtant pas que l'horreur qu'inspire un attentat de cette nature réjaillisse sur vous, qui n'en êtes encore que prévenu; vous aurez toute la latitude possible pour présenter à la cour vos moyens de défense.

L'accusé s'incline et s'assied.

M. le procureur-général. — L'accusation se compose d'un si petit nombre de faits, et ces faits sont eux-mêmes d'une telle évidence, que nous craindrions d'abuser des momens de la cour, et renouveler sans utilité l'impression pénible que doit produire le récit d'un attentat atroce, en reproduisant de nouveau ce récit devant la cour.

L'attention religieuse qu'elle a prêté à la lecture de l'acte d'accusation nous dispense d'ailleurs de ce soin. C'est par les dépositions des témoins que MM. les nobles pairs trouveront la justification des charges accablantes qui s'élèvent contre l'accusé.

Seulement, pour que tout soit exact dans cette cause, nous rectifierons une légère erreur qui s'est glissée dans la rédaction de l'acte d'accusation. Le sieur Lefebvre y est désigné comme capitaine, mais il n'était que caporal dans la garde royale.

M. le chancelier annonce qu'il va procéder à l'interrogatoire de l'accusé.

Un silence profond règne dans l'auditoire.

M. le président. — Reconnaissez-vous le poignard comme l'instrument du crime ?

Louvel. — Oui, monsieur.

D. — Reconnaissez-vous le second stylet qui a été saisi sur vous ?

R. — Oui, monsieur.

D.—Où avez-vous fait fabriquer ce poignard ?

R. — A la Rochelle.

D. — Par quel motif avez-vous assassiné S. A. R. Mgr. le duc de Berri ?

R. — Pour détruire le reste des plus grands ennemis de la France.

D. — Aviez-vous quelque sujet de vous plaindre du prince ? avait-il causé quelque préjudice, soit à vous-même, soit à quelqu'un de votre famille ?

R. — Non, monsieur, mais à la patrie.

D. —Pourquoi avez-vous attenté à la vie de celui des princes qui, dans l'ordre de successibilité, était le plus éloigné du trône ?

R. —Parce que c'était la souche de la famille.

D. — Depuis quelle époque aviez-vous conçu votre horrible projet ?

R. — Depuis 1814.

D. — Vous étiez-vous rendu à Calais, à cette époque, pour assassiner le Roi?

R. — Non, monsieur; le Roi était alors à Paris; mais je croyais trouver, *à droite ou à gauche*, quelque membre de la famille royale.

D. — Pourquoi ne pas rester à Paris, où vous auriez plus aisément trouvé l'occasion de consommer votre crime?

R. — Dans l'affliction que me causait la présence des armées étrangères, je voyageais pour me distraire, et pour prendre un parti sur le projet que j'avais conçu.

D. — Quand vous avez fait un voyage à l'île d'Elbe, avez-vous parlé à quelqu'un de votre projet? Avez-vous vu Napoléon?

R. — Non, monsieur; je n'ai

3 *

communiqué à personne le projet de mon crime *horrible*.

D. — Pourquoi avez-vous quitté l'île d'Elbe ?

R. — Je n'y avais pas été pour m'*y* fixer, mais seulement pour voyager et me distraire.

D. — Vous avez toujours suivi la maison de Bonaparte, soit à Paris, soit à la Malmaison, soit à la Rochelle ?

R. — Je n'ai jamais aimé la servitude ; il le fallait pour le moment : tout Français n'avait alors qu'un parti à prendre, c'était de suivre les braves qui combattaient pour la patrie.

D. — Comment êtes-vous entré dans la maison du Roi ?

R. — Par M...., qui en était le chef.

D. — Avez-vous servi d'instrument à quelqu'un ? Avez-vous lu quelques écrits séditieux qui vous aient porté à commettre ce crime ?

R. — Non, monsieur, je n'ai rien lu dans ce genre ; personne ne m'a conseillé.

D. — Mais, enfin, vous professez une religion quelconque ?

R. — Je suis né en 1783 dans la religion catholique, je crois.

D. — Mais si vous ne craignez pas la justice de Dieu, du moins celle des hommes ne pouvait manquer de vous atteindre ?

R. — Je le savais bien, mais je me félicitais de perdre la vie pour sauver mon pays.

D. — Cependant vous vous êtes sauvé ?

R. — Ce n'était pas pour long-temps.

D. — Quel était donc votre projet ?

R. — De me défaire de tous ceux qui avaient trahi la patrie.

D. — Les dernières paroles du prince ne vous ont-elles pas ému ?

R. — Pardonnez - moi, monsieur.

D. — Si vous ne pouvez fléchir la justice humaine, cédez du moins aux sentimens de repentir que doivent vous inspirer la conduite héroïque du prince et la religion de vos pères ?

R. — La religion ne peut *remédier* au crime que j'ai commis.

Un noble pair (M. de Saint-Roman.) — Puisque l'accusé a été à Calais, je voudrais qu'il indiquât la place du monument élevé dans ce port, à l'occasion du débarquement de S. M.

Louvel fait observer que ce monument n'était alors que projeté : cependant il donne à ce sujet des renseignemens assez précis.

Un noble pair fait aussi une question au sujet d'une lettre que Louvel aurait reçue de Metz quinze jours après son départ. Cette question ne donne lieu à aucune explication précise.

M. de St.-Roman. — Quelles étaient les lectures que vous faisiez dans votre jeunesse ?

Louvel.—Les Droits de l'homme, la Constitution.

D. — Laquelle ?

R. — Je n'en sais rien : celle de 1789, je crois. Je n'ai jamais lu de pamphlets.

M. le comte de Valence. — Quelle somme aviez-vous, quand vous êtes parti de Metz pour retourner à Fontainebleau par Calais ?

R. — J'avais environ 3 ou 400 francs ; il me restait encore de l'argent quand je suis arrivé à Fontainebleau.

Un autre pair. — Quelle somme aviez-vous quand vous êtes parti de Fontainebleau pour vous rendre à l'île d'Elbe?

R. — A peu près la même somme qu'à l'époque de mon départ de Metz.

M. de Sèze. — Vous avez dit, dans votre interrogatoire, que vous auriez tué le duc d'Angoulême parce que vous y étiez obligé. Par qui étiez-vous obligé à commettre ce crime?

Louvel. — Ayant le désir de délivrer tous ceux qui étaient victimes de persécutions ou d'actes arbitraires, et voulant débarrasser la patrie de tous les Français qui ont porté les armes contre leur pays, je ne voulais compromettre personne.

M. Dubouchage. — Quelles sont les personnes qui auraient été compromises?

Louvel. — Je ne sais pas jusqu'où les soupçons de la police auraient été ; plusieurs personnes qui ne m'ont jamais vu auraient pu être compromises, si je n'avais pas été arrêté, ou si j'avais été tué sur-le-champ.

D. — Mais enfin vous êtes interpellé de désigner ces personnes ?

R. — Je ne les connais pas ; on en aurait trouvé partout.

M. le procureur-général fait remarquer que ce système de diffusion et de réticence est celui que l'accusé a suivi dans tous ses interrogatoires ; qu'il parlait souvent de ses vastes projets, du désir d'exterminer non-seulement les membres de la Famille royale, mais tous ceux qui s'étaient armés contre la France ; mais quand on lui a demandé s'il avait des complices, il a toujours répondu négativement.

M. de Lally-Tollendal. — Je vous prie, M. le président, d'adjurer Louvel, au nom de Dieu qui va le juger, de déclarer s'il a eu un ou plusieurs complices, un ou plusieurs confidens de son crime.

M. le président de la cour lui adresse cette interpellation de la manière la plus pressante.

Louvel. — J'assure que je n'ai eu aucun complice de mon crime *horrible*, que je n'en ai fait confidence à personne.

M. le président. — Puisque vous appelez ce crime horrible, il n'est donc pas seulement le vôtre ?

Louvel. — Je l'appelle ainsi, parce que c'est en effet un crime horrible que de tuer un homme par derrière.

M. le président annonce qu'il va être procédé à l'audition des témoins.

Le sieur Breton, coutelier à la Rochelle. (1er. témoin.)

M. le chancelier. — Reconnaissez-vous l'outil que je vous présente comme ayant été fabriqué dans votre boutique ?

Le témoin. — J'examine cet outil ; je n'ai aucune connaissance d'avoir fabriqué d'outil semblable. Il était fraîchement repassé.

M. de Séguier. — J'invite le témoin à demancher l'outil pour en examiner la mêche.

Le témoin fait cette opération, et déclare de nouveau que cet outil n'est jamais sorti de sa fabrique, et n'est pas même l'ouvrage d'un ouvrier en coutellerie.

L'accusé ne reconnaît pas le témoin ; de son côté, le témoin affirme n'avoir jamais vu l'accusé.

M. le président à Louvel.—Vous avez trompé la justice sur ce point, car tous les renseignemens de localité par vous fournis semblaient indiquer le témoin qui se présente.

Louvel, — Je répète que c'est à la Rochelle que ce poignard a été fabriqué. Je ne sais pas le nom du coutelier ; mais j'ai donné avec exactitude les renseignemens dont j'avais conservé le souvenir.

Plusieurs nobles pairs insistent sur ce point ; mais l'accusé et le témoin persistent dans leurs déclarations respectives, de telle sorte que le débat semble établir que Louvel a donné de fausses indications relativement à l'ouvrier qui a fabriqué le poignard dont l'auguste victime a été frappée.

Jean-Pierre-Armand Desbiez, grenadier de la garde royale (2e. témoin). — Ce militaire est décoré du signe de l'honneur dont S. M. vient de récompenser son courage et son dévouement.

Le dimanche 13 février, nous sommes arrivés à l'Opéra vers les huit heures. En entrant, le prince

donna l'ordre au piqueur de reconduire la voiture à dix heures trois
quarts : vers les neuf heures et
demie, je me trouvais auprès de
l'entrée des princes, lorsqu'un individu me proposa d'aller prendre
du rhum avec lui : je refusai ;
et comme il insistait, je le me-
naçai de lui donner des coups de
plat de sabre. A dix heures et demie, la voiture du prince arriva.
(Ici le témoin donne le détail de
l'horrible événement, tel qu'il est
rapporté dans l'acte d'accusation.)
Ensuite il ajoute : De temps en
temps, après son arrestation, Louvel se trouvait mal. Quand il est
revenu à lui, il a dit que, depuis 1814, il avait l'intention de
tuer un prince de la famille royale ;
mais qu'il demandait qu'on le fît
périr avant que le prince mourût.

Plusieurs nobles pairs font des
interpellations au sujet de la cir-

constance nouvelle de l'individu qui avait offert du rhum au témoin, et qui *baragouinait*, dit-il, un langage étranger.

Desbiez déclare qu'il ne reconnaîtrait pas cette personne qui portait une redingote grise ; mais qu'il est certain que ce n'était pas Louvel.

En effet, celui-ci déclare que ce n'était pas lui ; on lui fait faire en allemand la question qui fut adressée au témoin, et le témoin ne reconnaît pas le son de sa voix.

Il ajoute que l'individu tenait à la main une bouteille qu'il disait contenir du rhum ; et qu'en rentrant au poste, il fit part à ses camarades de cet événement.

M, de Lally-Tollendal. — Cette nouvelle circonstance paraît indiquer une complicité dans le crime : je supplie de nouveau M. le président d'adjurer encore une fois Louvel, au nom de Dieu, qui peut pardonner quand les hommes condamnent, mais dont les vengeances sont terribles et éternelles contre celui qui ferme son âme au repentir, de faire connaître les complices ou les confidens de son attentat.

Cette nouvelle tentative est inutile, comme la première. Louvel persiste à affirmer qu'il n'a eu ni complice ni confident.

Gilles Torre, soldat de la garde royale, 3e témoin, rend compte, en peu de mots et avec un accent étranger du fatal évènement du 13 février.

Il déclare avoir entendu le récit de Desbiez, au sujet de l'inconnu qui lui avait offert du rhum.

Giret, caporal de la garde royale, 4e témoin, dépose seulement qu'ayant entendu du bruit et se trou-

vant au poste, il accourut pour
seconder ses camarades qui couraient
après le fuyard ; qu'il l'accompagna
au corps de garde, et fut présent à
la perquisition qui fut faite sur sa
personne.

Ce témoin a aussi entendu, avant
l'assassinat, Desbiez parler de l'individu qui lui avait offert du rhum.

Le sieur Lefebvre, caporal dans
la garde royale, 5e témoin, confirme la déclaration des deux
témoins précédens, sur le fait de
l'assassinat.

Un nouveau débat s'engage encore
avec ce témoin, au sujet de l'incident dont Desbiez a rendu compte.

Il déclare que celui-ci lui avait dit
en effet, qu'*un monsieur* lui avait
proposé de *boire la goutte* ; qu'il ne
se rappelle pas que Desbiez lui ait
indiqué le costume de cet individu,
et que cette proposition, faite avant
l'attentat au grenadier Desbiez, ne

donna d'abord lieu à aucune réflè-
xion de sa part.

Sur l'interpellation d'un noble
pair, ce témoin ajoute qu'il n'a jamais ouï dire qu'une proposition de
cette nature eût été faite à un militaire en service.

Giret déclare, à cette occasion,
qu'environ six semaines auparavant,
étant de service auprès des princes,
un individu s'était présenté sous
prétexte de remettre une pétition,
et qu'il le fit retirer. Cet homme, en
habit de paysan, dit-il, n'avait aucune ressemblance avec Louvel.

Le sieur Rémond, valet de pied
du prince, 6e témoin. — J'étais
auprès de la seconde voiture pour le
service du prince, lorsque j'entendis
un grand cri, au moment où l'on
venait d'ouvrir la voiture, j'ac-
courus sur le-champ, et j'aperçus
un individu qui prenait la fuite, en
même-temps que j'entendis le prince

s'écrier, *je suis assassiné*. Je ne pus faire attention a ce qui s'est passé ailleurs, ne m'étant alors occupé que de S. A. le duc de Berri.

Le sieur Marié, 7e témoin, et le sieur Gérard, valet-de-pied du duc et de la duchesse de Berri, 8e témoin, font une déclaration absolument semblable.

Le sieur Massé, valet-de-pied, 9e témoin. — Au moment où je me baissais pour relever le marche-pied de la voiture, j'entendis le prince s'écrier : *Je suis assassiné* ! En fuyant, l'assassin est passé près de moi, et m'a donné un coup de poing.

Louvel. — Ce que dit le témoin est possible; je ne m'en souviens pas.

M. le comte de Mesnard. — M. le duc de Berri avait présenté la main droite à madame la duchesse, pour monter en voiture. Au moment où le prince se retournait, pour rentrer dans la salle , un homme se jeta sur S. A. R. qui dit , en s'adressant à moi : *Je suis assassiné, je suis mort.* A cette exclamation , la princesse s'élança de la voiture , quelques efforts qu'on fit pour la retenir. Elle se jeta au pieds de son auguste époux..... L'assassin fut conduit quelques instans après ; je le garantis des violences que la foule exerçait sur lui.

M. le président à l'accusé. — Comment étiez-vous informé que le prince devait se trouver à l'Opéra à l'heure indiqué.

Louvel. — J'avais entendu l'ordre qu'il avait donné à un de ses piqueurs.

M. de Choiseuil , aide-de-camp du prince , répète à-peu-près les mêmes détails... Il retira , dit-il, l'accusé par son habit , pensant que c'était un curieux indiscret qui se rapprochait trop du prince.

Ce témoin reconnaît Louvel, tandis que ce dernier déclare lui-même ne pas le reconnaître.

Un nouveau débat s'engage sur l'état du poignard.

Le coutelier de la Rochelle affirme qu'il a été récemment repassé sur la meule, et qu'il ne pourrait être dans l'état où il se trouve, s'il avoit été fabriqué en 1814, et n'avait pas été repassé depuis.

Louvel. — Le poignard n'était pas rouillé...., Il n'avait jamais servi jusqu'alors.

(Un mouvement d'horreur se manifeste dans l'assemblée.)

M. le comte de Clermont-Lodève, aide-de-camp du prince, rend compte comme les précédens témoins des circonstances qui se rattachent à l'assassinat. Je demandai ensuite, ajoute-t-il, à l'accusé, qui avait pu le porter à commettre ce crime: *Ce sont*, me répondit-il, *les plus cruéls ennemis de la France.*

Mais lui ayant demandé l'explication de cette réponse, il me dit, après un moment de réflexion, que personne ne l'avait payé...

M. le président à Louvel. — Quels étaient donc ces ennemis de la France dont vous avez parlé ?

Louvel. — J'ai voulu désigner ainsi ceux auxquels je devais porter mes coups.

D. — Pourquoi avez-vous hésité ou réfléchi pour faire une telle réponse ?

R. J'ai dit, sans hésiter, comme je le répète aujourd'hui, que je n'ai été payé par personne.

Jean Paulmier, garçon de café. — Le 13 février au soir, un homme poursuivi par la clameur publique s'enfuyant par l'arcade Colbert, je courus après lui, et l'ayant atteint, je le saisis à bras-le-corps. Je le conduisis au corps-de-garde, secondé par le grenadier Desbiez. Dans la suite de son récit, le témoin répète les détails dont les autres témoins ont rendu compte.

L'accusé reconnaît dans Paulmier l'individu qui l'a arrêté.

On lui demande quel usage il se proposait de faire du second poignard dont il était porteur.

Louvel. — C'était pour mieux réussir. (Un nouveau mouvement d'indignation se manifeste dans la salle.)

Le sieur Meunier, adjudant de gendarmerie, ne fait que répéter les détails déjà connus.

Le sieur David, brigadier dans le même corps. — J'étais de service à l'Opéra, lorsque j'entendis crier : *Arrête... arrête...* Je courus après l'individu que ces clameurs signalaient; il était déjà arrêté par Desbiez, et je les accompagnai l'un et l'autre au corpr-de-garde. (Ici le témoin retrace avec beaucoup de détail la scène touchante qui se passa sous ses yeux, au moment où madame la duchesse de Berri prodiguait les soins les plus tendres à son auguste époux.)

Le témoin reconnaît Louvel ; et celui-ci à son tour déclare le reconnaître.

Il résulte de l'interpellation adressée au témoin par plusieurs nobles pairs, qu'il y avait ce jour-là 22 ou 23 hommes, sous-officiers ou soldats, du corps de la gendarmerie, de service à l'Opéra ; dans les représentations ordinaires, les hommes de services sont au nombre de 14.

Le témoin donne ensuite quelques détails sur sa conversation avec Louvel.

Il lui demanda ce qu'il voulait faire du second poignard. — C'est, lui répondit-il, pour un autre. —

5.

Vous n'étiez pas seul, ajouta le témoin? — Il ne manque pas de monde en France, répondit Louvel. — Ce n'est pas là ma question : avez-vous des complices? — Non ; je suis seul ; j'ai suivi le prince partout où je savais qu'il devait aller.

Louvel se trouva mal (ajoute le témoin).

L'accusé, l'interrompant. — Je ne me trouvais pas mal ; mais je souffrais de ce que mes poucettes étaient trop serrées.

Parmi les objets dont Louvel était porteur, dit encore le témoin, se trouvaient plusieurs papiers. Je les plaçai sur une tablette dans le corps-de-garde ; mais ils disparurent ; je ne sais comment ; et quoique j'aie rendu compte de cette circonstance au commissaire de police, il crut ne pas devoir en parler dans son procès-verbal

Cet incident nouveau dans les débats donne lieu à une longue discussion.

M. le président à l'accusé. — Quels étaient ces papiers ?

Louvel. — Ils étaient destiné à un usage que chacun peut aisément deviner.

Le témoin. — Il est vrai que ces divers papiers étaient chiffonnés et de peu de valeur ; mais j'ai vu quelquefois des papiers de cette nature, et qui n'étaient pas sans importance, sur des personnes suspectes.

Sur l'invitation d'un noble pairs, M. le président, en vertu de son pouvoir discrétionnaire, donne l'ordre d'appeler aux débats le commissaire de police, rédacteur du procès-verbal.

M. le procureur-général, en déclarant qu'il ne s'oppose pas à ce que M. le commissaire de police soit entendu, fait observer que sa déposition ne pourra jeter un grand jour sur les débats, parce qu'il serait possible que, dans la situation pénible où chacun se trouvait , le commissaire de police eût omis d'énoncer une circonstance qui pouvait ne pas lui paraître importante, sans mériter aucun reproche.

Les divers témoins qui étaient présens au moment où Louvel fut fouillé déclarent n'avoir pas vu les papiers dont parle David. Cependant ce dernier persiste dans sa déposition, et il invoque le témoignage de Louvel lui-même , qui déclare qu'il est possible qu'il eût des papiers chiffonnés dans ses poches, puisqu'il en portait habituellement.

M. le procureur-général fait remarquer que , quoique se contredisant sur ce point , tous les témoins peuvent être également de bonne foi, car il serait possible que dans ce moment de confusion tout le monde n'eût pas été frappé des mêmes circonstances. Cela est d'autant plus vraisemblable, ajoute-t-il, que, d'après la déclaration de David lui-même, ces papiers étaient chiffonnés, et ne paraissaient d'aucune importance.

Le gendarme Racary dépose, comme les autres, qu'il n'a nullement aperçu les papiers qu'on annonce avoir été saisis sur Louvel. Son camarade Bucher confirme sa déposition.

Cependant David répète, sous la foi du serment, qu'il a lui-même tiré plusieurs papiers de la poche de Louvel; qu'il les a déposé sur une tablette, d'où ils ont disparu, sans qu'il puisse savoir comment; et il en appelle à cet égard à la *bonne foi* de Louvel lui-même.

(L'accusé sourit à cette apostrophe.)

Quand je demandai ces papiers, ajoute ce témoin, l'accusé me dit de ne pas m'en mettre en peine, parce que c'étaient des chiffons de papier tout-à-fait insignifians.

Louvel. — Je ne m'en souviens pas ; mais cela est possible.

Un noble pair à l'accusé.—Comment étiez-vous informé des jours où le prince devait sortir, soit pour aller à la chasse, soit pour se rendre au spectacle ?

Louvel. — Par des hommes attachés aux équipages, par des palfreniers, ou des gens de la vénérie ; mais je ne pourrais vous dire leurs noms.

Le comte de Nantouillet.—Arrivé à l'Opéra une heure et demie après l'assassinat, je n'ai pu être personnellement témoin des circonstances qui s'y rattachent; mais j'ai assisté à la confrontation qui a eu lieu au Louvre entre Louvel et le corps de sa victime. J'ai entendu plusieurs fois Louvel reconnaître qu'il était l'auteur du crime ; mais aussi, je l'ai entendu plusieurs fois affirmer qu'il était seul coupable.

Lorsqu'au nom de la religion, le ministère public cherchait à faire pénétrer le remords dans le cœur de l'accusé, Louvel s'écria, en faisant un mouvement de tête : *Bah! Dieu n'est qu'un mot.*

M. de Richelieu — L'instruction paraît avoir constaté que ce propos n'aurait pas été tenu par Louvel : je prie M. le chancelier de l'interpeller à ce sujet.

Sur la question que lui adresse le président de la cour, Louvel répond : « Oui, je crois l'avoir dit. »

Immédiatement, la cour procède à l'audition des hommes de l'art, qui ont prodigué leur secours à l'auguste victime, et qui ont assisté à l'ouverture du corps de S. A. R. : MM. Drogard, Blanchton, Bougon, Dubois et Dupuytren.

Il serait impossible de reproduire ici les détails qu'ils ont donnés à la cour des pairs sur la scène déchirante dont ils furent les témoins dans la nuit du 13 au 14 février ; nous emprunterons seulement, de leurs divers récits, quelques circonstances qui ne peuvent qu'augmenter les regrets qu'excite la perte d'un prince chéri, et l'intérêt qui s'attache à une princesse auguste.

Dès les premiers instans, le prince eut la conviction que sa blessure était mortelle, et, en remerciant les hommes de l'art des soins touchans qu'ils lui prodiguaient, il réclama avec instance les secours de la religion.

Cependant, aucun moyen ne fut épargné pour conserver une vie aussi précieuse à la France. On pratiqua d'abord plusieurs saignées qui ne produisirent pas un résultat satisfaisant. En attendant l'application de rémèdes plus puissans, M, le docteur Bougon, cédant à l'impulsion d'un noble dévoüement, s'empressa de sucer lui-même la plaie du prince, ignorant si le fer de l'assassin était empoisonné.

Deux débridemens ou larges incisions eurent lieu successivement dans la partie extérieure de la plaie ; on appliqua ensuite des ventouses, pour détourner ou arrêter, s'il était possible, l'hémorragie intérieure ; mais toutes ces tentatives n'eurent pour résultat que de montrer l'impuissance de l'art, et de faire ressortir le courage de l'auguste victime.

Les forces morales du prince ne s'étaient pas affaiblies, lorsque la nature était au moment de succomber. Un prélat (M. l'évêque de Chartres) lui administra les secours spirituels, et il fit sa confession à haute voix, avec une résignation et une fermeté admirables.

Ses dernières paroles furent inspirées par un sentiment religieux ; et au moment où les liens les plus chers allaient se briser pour lui , il trouva des forces dans son âme, pour invoquer la clémence royale en faveur de son assassin.

Son auguste épouse conserva long-temps, au milieu de cette scéne déchirante, une fermeté que sa tendresse seule pouvait égaler. Surmontant cette sensibilité naturelle à son sexe, la princesse excitait elle-même les hommes de l'art, qui hésitaient à accroître les souffrances de la royale victime, par l'usage de moyens curatifs dont ils connaissaient l'inéfficacité.

Notre plume se réfuse à retracer le dénouement de cette scêne déchirante, ou des larmes royales vinrent se mêler à celles qui coulaient de tous les yeux.

Après la déposition des docteurs en médecine, M. le chancelier donne

lecture d'une lettre de M. le maréchal duc de Bellune, dans laquelle
il annonce qu'une indisposition ne
lui permet pas de se présenter devant
la cour des pairs. M. le président
annonce d'ailleurs que la déposition
de S. Exc. ne portait sur aucune
circonstance importante.

Un noble pair. — M. le duc de
Bellune, a déclaré que pendant que
Louvel était à l'Opéra, une porte
fut fermée avec beaucoup de bruit
dans un corridor. Il tresaillit, en
disant : *c'est le canon*

Louvel. — Non, monsieur, je
n'ai pas dit cela.

Un noble pair. — L'accusé a dit
qu'il suivait très souvent les princes
à la chasse : comment pouvait il
interrompre ses travaux et quitter
ses ateliers sans la permission de ses
chefs.

Louvel. — Mes absences n'étaient
pas longues. Je partais ordinairement

à sept heures du matin , et je rentrais le soir ; mon chef était à Versailles et je m'arrangeais pour que le travail ne souffrît pas.

D — Mais vous deviez éprouver une diminution plus ou moins considérable dans votre salaire.

R. — Non , monsieur , j'étais payé au mois.... d'ailleurs je n'allais pas bien loin ; c'était tantôt à Saint-Germain , tantôt à Vincennes , tantôt à Meudon. Mes absences duraient rarement plus d'un jour.

D. — N'éprouviez vous pas quelquefois des reproches de la part de vos supérieurs, en raison de vos fréquentes absences ?

R. — Quelquefois , monsieur.

Un noble pair. — Il est de notoriété publique que , quand le duc de Berri allait à la chasse , il descendait souvent de cheval , et se laissait approcher par la foule empressée de jouir de sa présence ; puisque vous suiviez habituellement le prince à la chasse, vous y auriez trouvé une occasion plus favorable, pour consommer votre exécrable forfait.

Louvel. — Plus d'une fois l'occasion de frapper le prince s'est présentée à moi; mais je n'en ai pas profité, soit parce que le courage m'a manqué, soit parce que je réfléchissais si j'avais tort ou raison de suivre mon projet.

Le commissaire de police Garnier se présente, en vertu de l'invitation qui lui a été faite par M. le président, d'après son pouvoir discrétionnaire.

Il affirme n'avoir jamais entendu parler de papiers trouvés sur Louvel; et cette déclaration étant conforme à celle de quatre autres témoins, un pair observe que le gendarme David s'est au moins trompé sur cette circonstance.

M. le chancelier demande à MM.

6.

les pairs s'ils n'ont pas d'autres interpellations à faire à l'accusé.

M. de Lally Tollendal, d'un
accent presque prophétique.

Louvel, pour la troisième fois,
nous vous abjurons, au nom de ce
juge inexorable devant lequel vous
devez bientôt paraître, et dont un
remords sincère peut désarmer la ri-
gueur, nous vous adjurons de déclarer si vous avez un ou plusieurs
complices.

L'accusé, qui cachait de sa main
une partie de sa figure pendant l'interpellation du noble pair, se lève et
répond, avec un accent énergique :
« Non, aucun. »

Un noble pair. — Dans un de vos
interrogatoires, vous avez parlez de
la commission qui vous aurait été
donnée d'assassiner les princes : vous
teniez donc cette horrible commission de quelqu'un ; vous aviez des
complices.

Louvel. — Cette objection m'a déjà été faite dans le cours de l'instruction ; j'ai répondu, et je répète, que j'avais voulu parler d'une commission intérieure que je m'étais donnée à moi-même. Mon parti est décidé. Je ne suis pas un orateur ; mais je n'ai eu ni confidens ni complices.

Un noble pair. — Vous avez paru éprouver quelques remords : souvent dans vos interrogatoires, et même plusieurs fois devant la cour, vous avez appelé l'assassinat du prince un crime horrible. Vous avez donc cédé à une impulsion étrangère, quand vous vous êtes armé du fer homicide ?

Louvel. — Un homme qui tue..... ce n'est pas une vertu...... c'est un crime. L'attachement que je porte à la nation, dans ma manière de voir, m'a seul déterminé. Je n'ai pas hésité à me sacrifier pour mon pays.

M. le chancelier annonce que les débats sont continués au lendemain, malgré l'observation d'un noble pair, qui voudrait qu'on entendît sur-le-champ M. le procureur-général.

La séance est suspendue à trois heures et demie, et continuée au lendemain, à dix heures précises, pour entendre le procureur-général et les défenseurs de l'accusé.

L'ordre a été donné, par M. le président, de reconduire l'accusé avant que personne sortît de la salle,

L'exactitude avec laquelle nous avons recueilli l'interrogatoire de Louvel, et ses réponses dans le cours des débats, peuvent donner une juste idée de la manière dont il s'est présenté devant la cour des pairs. On aurait cru voir en lui un témoin étranger à l'affaire plutôt qu'un homme sour le poids d'une accusation capitale.

Séance du 6 Juin.

Ainsi qu'à la première séance, toutes les mesures avaient été prises pour éviter la moindre confusion dans le placement des personnes auxquelles des billets avaient été distribués : les spectateurs étant à-peu-près les mêmes, chacun a pris sa place de la veille, et le plus grand ordre régnait dans la salle au moment où la cour des pairs a ouvert sa séance.

M. le chancelier occupe le fauteuil : à dix heures précises les nobles pairs prennent leur place, et à dix heures un quart M. le président annonce que la séance est ouverte, en donnant l'ordre d'introduire l'accusé.

Louvel est conduit, comme la veille, à la barre de la cour. Sa physionomie est toujours impassi-

6*.

ble. En arrivant, il s'incline du côté de M. le président, et ensuite du côté de MM. les pairs.

Pendant l'appel auquel il a été procédé par le secrétaire archiviste de la chambre, Louvel a été tiré un instant de sa rêverie par quelques questions que Me Bonnet, son conseil, lui a adressées à voix basse.

M. le chancelier ayant invité M. le procureur-général à prendre la parole, ce magistrat s'est exprimé à-peu-près en ces termes :

Nos cœurs sont trop pénétrés de la vive douleur qu'inspire un forfait épouvantable, d'une douleur que toute la France partage avec nous, pour que je cherche à l'accroître encore, en retraçant devant vous des souvenirs déchirans.

Dans les circonstances où nous nous trouvons, trop de hautes pensées, trop de profondes méditations

doivent occuper les pères de la patrie, pour que je cherche à abuser
d'un temps précieux, en ayant re-
cours à ces moyens dont le suc-
cès ne peut flatter que l'amour-
propre d'un orateur, à ces méta-
phores brillantes employées souvent
avec art, mais sans utilité dans les
circonstances ordinaires.

Notre ministère nous impose le
devoir de soutenir l'accusation devant la cour ; mais si cette tâche
est pénible, elle n'est pas du moins
difficile à remplir ; et quand tant
de preuves évidentes se réunissent
contre l'accusé, que pourrions-nous
ajouter à votre conviction ?

Vous trouvez ici d'abord l'aveu
de l'accusé ; non cet aveu qui peut
être le résultat d'un sombre éga-
rement, et qui ne permet pas d'ac-
cuser celui qui se reconnaît seul
coupable ; mais cet aveu réitéré dans
tout le cours d'une longue instruc-

tion, cet aveu qui n'est qu'un hommage forcé, rendu à la vérité, par celui que la justice a saisi, à l'instant de la consommation de son crime, cet aveu, dont rien; en un mot, ne pourrait faire suspecter la sincérité.

Ensuite de nombreux témoins de l'attentat sont venus en certifier l'existence devant la cour ; et jamais une preuve ne fut plus complète, plus concluante que celle qui s'élève contre l'accusé.

Quand le crime est aussi constant, je me dispenserai de parler des motifs qui ont armé le bras du coupable. Ces motifs sont d'une nature trop révoltante ; le développement que Louvel en a donné lui-même dans ses nombreux interrogatoires est à tel point effroyable, que par ménagement pour lui nous nous abstiendrons d'en reproduire le scandaleux récit.

Le malheureux ne craint pas d'invoquer le jugement de la postérité ; mais il ignore qu'elle confirmera plus tard l'arrêt que vous allez rendre aujourd'hui si solennellement dans cette enceinte.

Après cet exposé rapide, M. le procureur-général a pris son réquisitoire, tendant à ce que Louvel fût déclaré coupable du crime qui lui est imputé, et condamné à la peine de mort, au terme de l'art. 87 du Code pénal.

L'attitude de Louvel a été constamment la même pendant le plaidoyer de M. le procureur-général. On a seulement remarqué qu'il a relevé la tête, en entendant les conclusions du réquisitoire, et porté ses regards avec assurence du côté de MM. les pairs.

M. le chancelier ayant accordé la parole à Me. Bonnet, cet avocat s'exprime en ces termes :

« En d'autres temps et d'autres circonstances, combien nous ressentirions de reconnaissance et d'orgueil du droit qui nous est donné, du devoir même qui nous est imposé, de paraître et d'élever la voix devant cette assemblée auguste des premiers dignitaires de l'état ; d'exercer devant un tribunal si éminent les fonctions de notre ministère, et d'y représenter, en quelque sorte, un ordre que vous daignez honorer de votre bienveillance.

» Mais en ce moment, ô ciel, qu'il reste peu de place dans notre ame à de tels sentimens, lorsqu'elle est absorbée par tant d'images et de souvenirs lugubres, quand, depuis quatre mois, la France est enveloppée d'un crêpe funèbre ; quand tous les habitans qui couvrent le sol de notre patrie portent dans le cœur un deuil qui de long-temps ne pourra s'éclaircir !

» Toutefois, messieurs, vous daignerez vous le dire à vous mêmes, ce n'est pas à nous, à nous dans la situation où nous sommes, qu'il appartient de donner aucun développement à ces tristes pensées, à tant de regrets si justes et si amers.

» Investis par la confiance de M. le chancelier, votre auguste président, investis d'office de la fonction plus pénible encore qu'honorable de chercher les moyens qui peuvent exister en faveur de l'accusé, nous avons dû et nous devons encore en ce moment travailler à comprimer, à dompter en quelque sorte pour quelque temps nos sentimens personnels, pour nous appliquer uniquement à déplorer avec calme tout ce qui peut, soit dans la forme, soit au fond, venir à la décharge du malheureux qui est devant vous.

» Ce calme, ce sang-froid que deux avocats français, bons Français, se sont scrupuleusement imposés pour ces recherches et cette exploration, sont un effort qui n'est peut-être pas tout-à-fait indigne d'être par vous apprécié.

» Dans l'ordre de la tâche que nous avions à remplir, nos premiers regards ont dû se porter sur la compétence du tribunal devant lequel l'accusé est traduit. Tout auguste, tout éminent que soit ce tribunal, nous avons dû nous demander s'il était bien véritablement compétent dans cette occasion. »

Après cet exorde, Me. Bonnet cherche à établir le moyen d'incompétence, avec circonspection, et avec une sorte de défiance, ainsi qu'il l'annonce lui-même.

« Vous êtes juges des crimes de haute-trahison, dit-il, et des attentats à la sûreté de l'état, qui seront définis par la loi (art. 33 de la Charte.)

» Y a-t-il ici crime de haute-trahison ? le secret de l'état a-t-il été trahi ? des places fortes ont-elles été livrées ? non, messieurs.

» Y a-t-il attentat à la sûreté de l'état ? sans doute, il s'agit d'un crime horrible ; l'accusé lui-même n'a pu s'empêcher de le reconnaître : mais quand ce crime n'a frappé ni le Monarque lui-même, ni le présomptif héritier du trône, on ne peut dire que la sûreté de l'état a été compromise.

» Voilà les principes généraux : discutons d'avance les objections qu'on pourra opposer dans le système de l'accusation. Sans doute on ne serait pas fondé à nous opposer une fin de non-recevoir, de ce que l'accusé a reconnu, en quelque sorte, la compétence de la cour, en répondant sans protestation ni

réservé aux divers interrogatoires
que lui ont fait subir messieurs les
nobles pairs, délégués par la cour;
car il est de principe que l'incompétence ne peut jamais être couverte
en matière criminelle.

» Voudrait-on faire résulter une
seconde objection de ce que l'accusé en expliquant le motif de son
crime, y a donné lui-même la couleur d'un attentat contre la sûreté
de l'état, en annonçant son projet
aussi furieux qu'insensé de frapper
du fer assassin tous les membres
de la famille royale, et même les
Français qui ont porté les armes
contre leur patrie? Mais il ne dépend pas d'un accusé dans l'excès
de son amour-propre, et dans l'éga-
rement de son crime, d'aggraver
le crime dont il s'est rendu coupable ? *Nemo auditur perire vo-
lens.*

» L'argument le plus grave qu'on

peut, opposer au moyen d'incompétence sera pris peut-être de l'article 87 du Code pénal, qui place
l'assassinat d'un prince de la famille
régnante parmi les attentats contre
la sûreté de l'état; mais penserez-
vous, messieurs, que pour expliquer la Charte au sujet du crime
qu'une loi subséquente devait dé-
finir, on puisse consulter le Code
pénal? c'est une question grave, digne de vos méditations.

_» Maintenant que pourrons-nous
vous dire au fond? Le crime exis-
te-t-il? Ce crime est-il horrible?
L'accusé en est-il coupable? Oui,
sans doute; et notre pénible tâche
serait remplie, si nous n'avions quelques observations à vous présenter
sur l'état moral de l'accusé.

» Pour être coupable, il faut
qu'une intention criminelle ait accompagné le fait matériel qui, d'a-
près la loi, constitue le crime; le

fait le plus atroce en lui-même, perd sa criminalité légale, s'il émane d'un fou ou d'un insensé.

» Louvel n'est pas atteint d'une véritable folie, dans l'acception ordinaire de ce mot; mais il est affecté de cette folie partielle qui ne porte que sur un objet déterminé que les hommes de l'art appellent *monomanie*.

» Depuis six ans, une idée atroce, épouvantable, semble dominer tout son être : c'est une sorte de fatalité qui s'appesantit sur lui pour le pousser au crime. L'inaction, le déplacement tout l'a ramené à cette idée unique : et quand on songe qu'il a plongé le fer homicide dans le sein d'un prince adoré; d'un prince qui n'avait jamais répandu que des bienfaits autour de lui; quand on songe qu'il a prétendu servir la France en lui ravissant un prince auguste; l'espoir de sa famil*l*e et de la patrie, ne peut-on pas dire avec raison que ce crime est en effet celui d'un fou et d'un insensé ; que celui qui l'a commis n'avait pas le libre usage de sa raison ?

« C'est à vous, messieurs, (s'écrie M^e. Bonnet en terminant) qu'il appartient d'apprécier la situation mentale d'un être travaillé d'un délire perpétuel aussi effroyable. Ah ! quel soulagement désirable pour vous, pour la France, pour l'Europe, pour l'humanité, si nous pouvions ne voir dans ce malheureux que l'instrument involontaire du coup affreux dont le Ciel aurait voulu pour dernier malheur affliger notre Roi, nos princes et notre patrie.....

« Déjà peut-être nous accuse-t-on d'avoir omis, ou, du moins, de ne nous être pas bornés à faire valoir pour l'accusé les plus sublimés, les plus puissantes de toutes les recommandations. Et vous allez au-devant de nos paroles, messieurs, et vous croyez entendre ce dernier cri du prince martyr : *c'est un insensé! grâce, grâce, pour l'homme!* Le Monarque, le père adoptif de la victime, le père de ses sujets n'arrive pas assez tôt, et le prince ne pense qu'à assurer la vie de son meurtrier. Une chrétienne impatience s'empare de lui, et au milieu de ses affreuses douleurs le sort de celui qui les cause l'occupe presque tout entier.

» C'est ici que nous pouvons, sans aggraver le tort de l'accusé, même pour le servir, pour le couvrir d'une égide tutélaire, nous pouvons proclamer toutes notre admiration pour sa victime. Douloureusement soulagé par les pleurs de sa courageuse épouse, qui commande à son désespoir, par la pré-

sence de sa jeune et innocente fille,
il partage en quelque sorte sa sol-
licitude entre ces illustres objets de
sa tendresse et le malheureux insensé qui l'a frappé : alliance inouie
de pensées si diversement tendres
ou généreuses ! contraste que peut
seule engendrer ou expliquer une
grande âme ! les derniers momens
que peut donner ce prince chéri
aux plus tendres sentimens de la
nature, il s'en dérobe à lui-même
une partie pour devenir le protec-
teur, l'auguste avocat de celui qui
lui arrache la vie. *Grâce pour l'homme !* quel choix bienfaisant d'ex-
pressions dans ce mot d'un usage
si vulgaire : *grâce pour l'homme !*
Eh bien, messieurs, *l'homme* est
devant vous. Les dernières paroles
de sa victime ne seront-elles pour
lui qu'un héroïsme stérile ? Et si
ce cri de grâce, sorti de la bouche
de l'illustre mourant, est impuis-

sant sur des juges éminens, mais dépositaires des lois, joignez-le, s'il est possible, à cet arrêt précurseur porté par la victime : *C'est un insensé!* Que nos froids raisonne-mens disparaissent devant ces deux mots réunis, qui se fortifient l'un par l'autre en faveur de l'homme (pourquoi serions-nous plus sévères que celui que nous pleurons!) en faveur de l'homme que vous allez juger; qu'ils soient son moyen de défense; c'est là principalement que nous voulons placer son refuge. Oui, c'est un insensé, ce n'est qu'un insensé, celui qui nourrit pendant six ans l'infernal projet de détruire la plus illustre, la plus paternelle race des souverains, la plus digne de gouverner une nation dévouée, libre et généreuse. »

Louvel a ensuite prononcé un discours que nous nous abstenons de rapporter, et qui n'était qu'un tissu de folies et d'atrocités.

M. le procureur-général — Notre ministère nous impose deux devoirs à remplir, celui de poursuivre les délits et les crimes, dans l'intérêt de la société, et celui d'accompagner la poursuite de toutes les forces tutélaires de la défense de l'accusé.

Ce double devoir a été rempli par la cour et par nous dans cette occasion solennelle. Rien n'a été négligé pour porter le flambeau de la vérité dans une accusation épouvantable ; rien n'a été négligé non plus pour donner à la défense toute la latitude possible ; et le choix de deux honorables avocats, qu'à moi seul il n'est pas permis de louer, puisque je suis aujourd'hui leur ami, après avoir été long - temps leur confrère, prouve qu'on a voulu que la défense de l'accusé fût pleine et entière.

Nous devons cependant réfuter

les moyens qui vous ont été pré-
sentés, au nom de l'accusé, sans
nous occuper de la défense personnelle qu'il a cru devoir vous
présenter lui-même ; car quelque
épouvantable que soit le crime,
celui qui n'est encore qu'accusé, doit
être pour tous un objet de pitié.

M. le procureur-général s'attache d'abord à réfuter le moyen de
d'incompétence. Négligeant les deux
premières objections prévues par
Me. Bonnet, ce magistrat fait ressortir la preuve de la compétence
de la cour des pairs, du rappro-
chement de l'article 33 de la Charte
avec l'article 87 du Code pénal,
en faisant remarquer que la confir-
mation des lois antérieures, par
la Charte constitutionnelle, produit
l'effet d'une promulgation contem-
poraine ; de telle sorte qu'on doit
puiser dans le Code pénal les définitions nécessaires pour l'application

des principes généraux consacrés à la
Charte.

Considérant ensuite la question
dans un autre point de vue, M. le
procureur-général établit que l'intention et le but de l'accusé, abstrac-
tion faite de ses scandaleuses déclarations, étant de détruire l'auguste
famille des Bourbons, puisqu'aucun
motif particulier ne l'avait porté à
commettre son crime, ce crime de-
vient un attentat contre la sûreté de
l'état, qui détermine la compétence
de la chambre des pairs.

Arrivant à la discussion du fond,
M. le procureur-général traite en peu
de mots la question de la démence.
Sans doute, dit-il, le crime suppose
toujours une sorte de folie ; car ce-
lui-là, par exemple, n'a pas l'usage
de la raison commune, qui, pour
s'approprier une misérable somme,
se rend coupable d'un assassinat ; et
s'expose à porter sa tête sur l'écha-

faud. Cependant on ne pourra se soustraire au glaive des lois, sous le prétexte de cette folie partielle qu'on appellerait monomanie.

Il n'y a qu'un seul cas où la démence puisse servir d'excuse au crime, disons plus, où elle ôte le caractère de crime au fait qui le constitue d'après la disposition de la loi, c'est lorsque la démence est complète ; lorsqu'elle ôte à un malheureux l'usage de ses facultés intellectuelles ; car dès qu'il est incapable de se laisser guider par les inspirations de la raison, l'homme n'est plus qu'un instrument aveugle du hasard ou de la fatalité, et aucune peine ne peut l'atteindre ; mais, exciper de la folie de celui qui raisonne jusqu'à son crime, ce serait assurer l'impunité des plus grands coupables.

Je n'ose examiner sans émotion le dernier moyen qu'on vous a pré-

senté, et dont les défenseurs de l'accusé ne pouvaient se dispenser de
faire usage : nous voulons parler de
l'appel qu'ils ont fait à votre humanité , en invoquant les paroles de
l'auguste victime.

Il est deux sortes de compassion:
la première est celle de la victime
pardonnant à son assassin ; c'est la
vertu d'un saint ou d'un héros : ce
fut celle du prince frappé par le poignard de l'accusé.

Mais il est une autre sorte de
compassion , c'est celle qu'on doit à
la société ; et plusieurs de nous ne
peuvent ignorer que dans plus d'une
circonstance , quelques actes d'une
rigoureuse justice auraient épargné
bien des malheurs.

L'accusé peut implorer la miséri-
corde divine ; mais il ne dépend pas
de la justice humaine de l'absoudre
du crime qui a porté une atteinte si
cruelle à la société toute entière.

8.

Nous persistons dans notre réquisitoire.

Me. Bonnet réplique, en peu de mots, à M. le procureur-général.

Relativement au moyen d'incompétence, il signale un peu de subtilité dans le système du ministère public; car il est difficile d'expliquer, dit-il, comment cette expression du futur, *seront définies*, employée dans l'article 63 de la Charte, peut s'appliquer à des définitions qu'une loi précédente aurait donnée.

L'avocat reproduit aussi le moyen tiré de l'état de démence de l'accusé. Il établit une distinction entre les passions ordinaires qui peuvent servir de motif aux crimes ordinaires, et ce fanatisme frénétique dont Louvel paraît possédé, et dont il vient de donner une nouvelle preuve, par son système de défense aussi atroce qu'extravagant.

C'est un fou, d'une espèce dange-

reuse sans doute, mais enfin c'est un
fou qui se présente devant la cour,
car aucun motif raisonnable ne pourrait expliquer son horrible farfait :
nous l'abandonnons à votre humanité.

Monseigneur le chancelier ayant
demandé à Louvel et à ses avocats
s'ils n'ont rien à ajouter pour sa défense, déclare que les débats sont
terminés, et ordonne de reconduire
l'accusé.

Louvel se retire, accompagné des
gendarmes préposés à sa garde. Sa
physionomie sinistre ne semble
éprouver aucune altération, même
au moment où l'on va prononcer
sur son sort.

Immédiatement, M. le président
annonce que la cour va délibérer,
pour prononcer son arrêt publique-
ment, mais en l'absence de l'accusé;
et les huissiers invitent toutes les

personnes étrangères à se retirer de la salle.

Après deux heures et demie de délibération, les portes de la salle ont été ouvertes au public, et M. le chancelier a prononcé l'arrêt suivant, en l'absence de l'accusé et de ses conseils.

« La chambre des pairs, constituée en cour des pairs, aux termes de l'ordonnance du Roi du 14 février 1820, et conformément à l'article 33 de la Charte constitutionnelle.

« Vu l'arrêt de la cour du 23 mai 1820, ensemble l'acte d'acte d'accusation dressé contre Louis-Pierre Louvel, et annexé audit arrêt ;

« Ouïs les témoins en leurs dépositions ;

« Ouï le procureur-général du Roi en ses dires et réquisitions, lesdites réquisitions tendantes à ce que Louis-Pierre Louvel, accusé, soit déclaré coupable du crime prévu par l'article 87 du Code pénal, et à ce qu'il lui soit fait application de la peine portée par ledit article.

« Ouïs pareillement les défenseurs de l'accusé en leurs plaidoiries, et l'accusé en ses moyens de défense ;

« Après en avoir délibéré ;

« En ce qui touche le moyen d'incompétence proposé ;

« Attendu que le Code pénal, maintenu en vigueur par l'article 68 de la Charte, range dans la classe des crimes contre la sûreté de l'état l'attentat contre la famille royale ; et que dès lors ce crime se trouve compris dans la disposition de l'article 33 de la Charte.

« En ce qui touche le fond ,

« Attendu qu'il résulte de l'instruction et des débats que Louis-Pierre Louvel est convaincu d'avoir, le 3 février 1820 commis un attentat

8*.

contre la personne et la vie de S. A. R. Monseigneur le duc de Berri, l'un des membres de la famille royale ;

« Sans s'arrêter au moyen d'incompétence,

« Déclare Louis - Pierre Louvel coupable du crime prévu par l'article 87 du Code pénal ;

« En conséquence, faisant application dudit article et de l'article 12 du même Code, lesquels sont ainsi conçus :

« Art. 87. L'attentat ou le complot contre la vie ou la personne des membres de la famille royale.

« L'attentat où le complot dont le but sera ;

« Soit de détruire ou de changer le gouvernement ou l'ordre de successibilité au trône ; soit d'exciter les citoyens ou habitans à s'armer contre l'autorité royale,

« Seront punis de la peine de mort.

Art. 12. Tout condamné à mort aura la tête tranchée.

« Condamne Louis-Pierre Louvel, né à Versailles le 7 octobre 1783, ouvrier sellier, demeurant aux écuries du Roi, à la peine de mort;

« Le condamne pareillement aux frais du procès ; ordonne, conformément aux art. 2 de l'ordonnance du Roi du 14 février 1820, et 8 de l'ordonnance du 12 novembre 1815, que le présent arrêt, prononcé en séance publique, hors la présence de l'accusé, et en présence de ses conseils ou eux dûment appelés, sera lu et notifié au condamné par le gréffier de la cour qui en dressera procès-verbal.

Ordonne que le présent arrêt sera exécuté à la diligence du procureur général du Roi, imprimé, publié et affiché partout où besoin sera.

« Fait et prononcé en séance publique, le 6 juin 1820, au palais de la cour des pairs, où siégeaient.....
(Suivent les noms des pairs qui ont connu du procès).

Le 6, dans l'après-midi, on a donné lecture à Louvel de l'arrêt de la cour des pairs, qui le condamne à la peine de mort.

A onze heures du soir, M. l'abbé Montez, aumônier de la Conciergerie, s'est présenté pour offrir au coupable les secours de la religion.

Il est certain qu'il s'est confessé dans la prison, et qu'il a donné des marques de religion et de repentir,

Après s'être entretenu jusqu'à minuit avec son confesseur, il a écrit à ses parens, il s'est couché et a dormi quatre heures, puis il a pris son déjeûner habituel, du pain, du fromage et un verre de vin ; il montrait assez de sang-froid, et paraissait attendre assez tranquillement sa dernière heure. Alors le respectable ecclésiastique l'a averti que l'exécution devait avoir lieu à huit heures du matin, comme on l'avait cru d'abord, et qu'il n'avait plus que quelques heures pour se préparer. Il s'est confessé. Les fonctionnaires chargés de la garde de sa personne, et qui s'étaient retirés pendant la confession, sont rentrés dans la prison, et ont trouvé le condamné qui récitait le chapelet avec M. Montez. A onze heures du matin, M. le procureur du Roi s'étant transporté à la conciergerie pour tenter encore de décider Louvel à faire quelques aveux ou révélations, ne put en obtenir aucun.

Louvel a été exécuté le 7 juin 1820. Une affluence immense, que l'on peut, sans exagération, évaluer à plus de deux cent mille personnes, couvrait le Pont-au-Change, le pont Notre-Dame, les quais, et places adjacentes et la place de Grève. Aucun désordre n'a eu lieu; l'indignation publique, exprimée par des murmures, a accompagné Louvel dans toute sa route jusqu'à l'échafaud; pompe funèbre digne de la douleur où ce misérable a plongé la France.

Les fenêtres des maisons devant lesquelles devait passer la fatale charrette avaient été louées fort cher; et l'on prétend que deux Anglais ont payé 400 fr. une croisée donnant sur la Grève.

A cinq heures trois quarts, l'assassin est sorti de la Conciergerie; il était vêtu d'une redingote bleue, et avait un chapeau rond sur la tête. M. l'abbé Montez était assis à côté de lui; il ne paraissait pas faire beaucoup d'attention aux discours du charitable ecclésiastique;

il promenait ses regards sur le public ; sa figure était très-pâle et ses yeux hagards.

La charrette est arrivée à la place de Grève à six heures moins quatre minutes. Au pied de l'échafaud, le confesseur a redoublé de zèle, et Louvel s'est entretenu avec lui pendant quatre minutes. L'altération de ses traits et son accablement étoient visibles. Deux aides de l'exécuteur ont été obligés de le soutenir pour lui aider à monter sur l'échafaud. Pendant qu'on l'attachait à la planche, il portait ses regards de tous les côtés. A six heures une minute sa tête est tombée.

Etant monté sur l'échafaud, il a dit au digne ecclésiastique qui l'assistait dans ses derniers momens, de manière à être entendu des assistans : « Je meurs repentant du crime que j'ai commis. »

La foule s'est retirée sans le moindre désordre.

Des patrouilles nombreuses parcouraient les rues adjacentes. Le bon ordre n'a pas été troublé. L'indignation publique a su contenir ses transports, mais l'assassin a pu lire dans tous les regards l'horreur qu'inspirait son crime.

La procédure de ce grand coupable est terminée avec sa vie ; mais les incertitudes subsistent. Il paraît bien démontré qu'on n'a point découvert de complices ; mais il y a loin de cette démonstration à la certitude qu'il n'y a point eu de complices. Plût à Dieu que cette certitude soit une fois bien acquise !

Louvel a persisté dans un système de défense extrêmement simple ; moi seul, a-t-il dit, ai conçu le crime, moi seul l'ai exécuté, et je m'en vante. Ceci n'est point

une défense, c'est l'aveu du désespoir ou le dernier degré de l'a-
mour-propre exalté d'un scélérat
fanatique : dans l'un ou l'autre cas,
cet homme n'avait rien à cacher
s'il était seul; pourquoi donc a-t-il
menti d'un bout à l'autre dans ses
interrogatoires ?

Il a dit d'abord être parti de
Metz pour Calais en 1814, dans
le dessein d'assassiner le duc de
Berri. Mais aucun des princes n'a
débarqué à Calais, et Louvel devait le savoir. Aussi, dans un interrogatoire subséquent, il a dit que
c'était pour assassiner le Roi; autre
mensonge, car on a prouvé à Louvel qu'il n'avait pu partir de Metz
que le 7 mai; et, à cette époque,
l'arrivée du Roi à Paris était an-
noncée à Metz. Embarrassé par
cette observation, Louvel a dit dans
un interrogatoire postérieur qu'il
allait à Calais prendre des infor-

9.

mations sur ce qui se passait en France. Cette explication est ridicule.

Louvel va de Calais à Fontainebleau, et ne se rappelle pas d'abord, chose étonnante, s'il a passé par Paris. Si son dessein eût été de se rapprocher de la famille royale, ou même de prendre des informations sur l'état des choses, il eût dû venir à Paris, s'y arrêter; point du tout, il néglige Paris, quitte Fontainebleau va à l'île d'Elbe, y travaille, dit-il, de son état, et revient en Savoie où il attend tranquillement, à Chambéry, le retour de l'usurpateur. (On sait que la Savoie était alors le rendez-vous de ceux qui ourdissaient mystérieusement la trame des cent jours.) Il vient rejoindre Bonaparte à Lyon, le suit à Paris, rentre dans la sellerie, va à Waterloo, revient à la Malmaison, suit les équipages à Blaye, va rejoindre Bonaparte à Rochefort, y arrive un jour après l'embarquement ; se rend à la Rochelle, et y fait, dit-il fabriquer le poignard. Dans toutes ses courses, il est isolé, combine isolément son projet, ne communique avec personne ; il porte sur lui, pendant cinq ans, un poignard tout prêt, tout aiguisé, qu'on ne pourrait confondre, si on le saisissait sur lui, avec l'alène en usage dans la sellerie. Voilà bien des invraisemblances.

Ce n'est pas tout : le coutelier qu'il a indiqué comme ayant fabriqué le fatal instrument est appelé, il ne reconnaît ni l'homme, ni le fer. Il déclare que cet instrument n'a pu être fabriqué par un coutelier ; il déclare que ce poignard est fraîchement aiguisé ; Louvel persiste à dire qu'il est tel qu'il lui a été remis par l'ouvrier il y a cinq ans. Cette circonstance est frappante : Louvel pouvait dire,

sans crainte, qu'il l'avait aiguisé
lui-même il y a peu de temps ;
pourquoi fait-il ce mensonge ? pour
dérouter les recherches ; pour re-
porter à une époque fort éloignée
les moindres circonstances du complot, dont les préparatifs ont eu
lieu il y a quelques mois ; car
le repassage du poignard est aussi
un de ces préparatifs.

Louvel suivait les chasses du
prince ; il faisait de fréquentes absences, et cela, dit-il, depuis plusieurs années : et cette conduite
ne l'aurait pas fait renvoyer de
la sellerie, où il était payé au
mois !

Bien d'autres circonstances, plus
étranges encore, se réunissent dans
ce procès pour redoubler l'obscurité
qui enveloppe le crime de Louvel.
Au milieu de ses mensonges, on
a vu cet homme, qui n'avait plus
rien à risquer en s'accusant lui-même,

déguiser avec soin toutes les circonstances de sa vie qui se rapprochent de l'époque où plusieurs attentats célèbres ont effrayé l'Europe civilisée ; le complot de Thistlewood, l'élection d'un régicide, la révolution d'Espagne, et l'assassinat d'un Bourbon.

Notice sur LOUVEL.

LOUVEL était âgé d'environ trentesix ans, sa taille était au-dessous de la moyenne, sa figure n'était pas aussi repoussante qu'on l'avait dit d'abord, mais ses traits étaient communs sans être matériels, il avait les yeux gris ; son esprit ne paraissait pas orné, cependant il annonçait par ses discours une sorte d'éducation qu'il est rare de rencontrer chez les hommes nés dans les dernières classes de la société ; il s'énonçait facilement, et faisait dans ses réponses les fautes que font ordinairement les gens du peuple. Louvel n'avait jamais été militaire, il avait été pendant un an attaché à l'armée française en qualité d'ouvrier sellier : il avait assisté à la bataille d'Austerlitz, et quelque temps temps après il était revenu en France. Il déclara avoir, depuis l'époque de la première restauration, conçu le monstrueux projet qu'il a si malheureusement mis à exécution le 13 février 1820, c'est-à-dire plus de cinq ans après. Il fit exécuter par un individu qu'il désigna, et qui demeurait à La Rochelle, l'instrument dont il s'était servi, et qu'il commanda à l'ouvrier, disant que c'était un outil propre à la sellerie.

En 1814 il fit le voyage de Calais dans l'intention d'assassiner le roi ; mais il arriva trois jours après le débarquement de Sa Majesté, et grâce à cet heureux retard, la France n'eut pas à gémir sur le malheur le plus affreux qui eût pu l'accabler.

Depuis ce temps Louvel renonçait à l'attentat qu'il avait eu l'intention de commettre sur la personne de Louis XVIII; sa haine pour les trois autres princes semblait se corroborer de cette espèce de concession qu'il faisait à sa barbare opinion; il se promettait d'approcher tour-à-tour de MONSIEUR, de S. A. R. Mgr. le duc d'Angoulême, et de S. A. R. le duc de Berri, qui devaient successivement tomber sous ses coups.

Pendant l'exil de Bonaparte à l'île d'Elbe, Louvel y fit un voyage pour voir l'homme qui était l'objet de son idolâtrie; mais il ne put parvenir à le voir ni à lui parler.

Il revint de l'île d'Elbe plus résolu que jamais à commettre son triple forfait. L'occasion se présenta plusieurs fois, mais il ne put la saisir. Les cent jours changèrent pour un moment sa farouche résolution; le départ des Bourbons le rendait au bonheur, il respirait ; mais sa joie féroce fut de courte durée. La seconde -restauration fit renaître sa haine et lui donna une force nouvelle. Depuis le jour de la rentrée du Roi tout le raffermissait daus son odieux projet ; plusieurs fois il épiait les démarches des princes : ses coupables vues se tournèrent enfin contre l'infortuné duc de Berri, et nous ne connaissons que trop la funeste issue de ses criminelles démarches.

Si dans sa prison on lui parlait de la douleur du Roi et de sa famille, il semblait n'être sensible qu'à celle de la jeune Princesse , devenue si malheureuse par le trépas de son auguste époux.; encore cette espèce de pitié était-elle calme et féroce.

Il disait n'avoir pas dormi avec tant de tranquillité depuis le jour où son imagination frénétique enfantait son abominable dessein, que dans la nuit du mardi au mercredi 16 fé-

vrier 1820. Il se complaisait dans
l'idée de son crime, dont il exaltait
l'intention. Il parlait en pitié de Ra-
vaillac, qu'il regardait comme un
misérable fanatique, incapable de
concevoir lui-même un projet, et
méprisable instrument de gens qui
n'osèrent pas commettre eux-mêmes
le crime qu'ils avaient préparé !

Il se plaignait qu'on ne voulût
pas lui permettre de se couper la
barbe, qu'il avait l'habitude de se
faire deux fois par semaine. Il
comprenait la raison qui portait ses
gardiens à lui refuser un rasoir, et
les désabusait sur l'opinion où ils
pouvaient être qu'il voudrait atten-
ter à sa vie. Il regardait comme
une faiblesse un suicide qui l'aurait
privé d'un supplice que le point
d'honneur, de la manière dont il
l'entendait, rendait glorieux pour
lui.

Interrogé sur les moyens qu'il em-

ployait pour se procurer de l'argent
nécessaire aux voyages qu'il avait
faits , il répondait, qu'économe par
habitude, il dépensait fort peu ; que,
sobre par raison, vingt sous lui suffi-
saient pour sa nourriture journalière;
et que , comme il gagnait beaucoup
davantage , il avait pu amasser les
sommes dont il avait besoin (1).

Sa sobriété paraissait être aussi
l'effet d'un calcul ; il semblait s'être
mis en garde contre toute intempé-
rance, dans la crainte que , dans un
accès d'ivresse , ou dans une indisposition , résultat d'un excès de
nourriture , son fatal secret ne vînt
à lui échapper.

C'est encore par un calcul semblable qu'il vivait éloigné de toute
société. Farouche, inquiet , silen-

---

(1) Dans les recherches que l'on a fait
chez lui on a trouvé 165 francs.

cieux, il évitait les lieux publics,
ou, s'il les fréquentait quelquefois,
il se tenait toujours dans la plus
grande réserve, et ne communiquait
que rarement avec les personnes qu'il
y rencontrait. Redoutant qu'une longue intimité ne laissât à une maî-
tresse le pouvoir de pénétrer dans
son âme et d'y découvrir l'horrible
secret qu'il avait tant d'intérêt à
cacher ; incapable d'ailleurs d'éprouver aucun de ces sentimens doux
et affectueux que donne un amour
réciproque, il ne s'attacha particu-
lièrement à aucune femme.

Quand on a parlé à Louvel des
différens articles de journaux qui
rapportaient certaines particularités
de sa vie ou de son arrestation, il
a donné des renseignemens les
plus exacts, et repoussant la perfide
insinuation qu'un journaliste publiait
le lendemain de l'assassinat, contre
M. Decases, qui, disait-il, avoit

parlé seul et à l'oreille du meurtrier de S. A. R. , il déclarait qu'en effet le président des ministres s'approcha de lui en pleurant, et que, pour obtenir une réponse qui, si elle eût été affirmative, aurait aussitôt et très-imprudemment appris à sa victime quel sort lui était réservé, il lui demandait si le fer était empoisonné. Ce fut la seule question que, dans dans cette circonstance, lui adressa M. Decases.

Il est faux, ainsi que l'ont annoncé quelques feuilles publiques, qu'on ait trouvé chez Louvel le *Contrat social* et un extrait, écrit de sa main, des différentes brochures ou pamphlets qui ont paru depuis le retour des Bourbons.

Le seul papier important qu'on y ait trouvé, est un exemplaire de la Charte, sans annotations aucunes ;

FIN.

DE L'IMPRIMERIE DE BAUDOUIN FILS.

www.ingramcontent.com/pod-product-compliance
Lightning Source LLC
Chambersburg PA
CBHW071502200326
41519CB00019B/5849